LETTRE
D'UN CONSEILLER
DE BLOIS,
A UN CHANOINE
DE CHARTRES,

Sur la Bibliotheque Chartraine ;
(OU)
Le Traité des Auteurs de l'ancien Diocése de Chartres, du R. Pere LIRON, Benedictin.

M. DCCXIX.

AVERTISSEMENT.

UN accident, qu'il seroit inutile de raporter ici, a retardé de quelques mois l'impression de cette Lettre, que l'on assure être d'une personne fort versée dans la connoissance des Auteurs & des Livres. On ajoûte qu'elle travaille à la Bibliotheque des Ecrivains de sa Province, & que son Ouvrage est avancé. Le P. Liron rendra le sien beaucoup plus utile au public, s'il fait usage des regles & des observations judicieuses, dont cette Lettre est remplie.

LETTRE

D'UN CONSEILLER DE BLOIS *à un Chanoine de Chartres, sur la Bibliotheque Chartraine du Pere* LIRON.

VOUS avez continué à m'obliger & à m'instruire, MONSIEUR, en me communiquant la Bibliotheque de nos Ecrivains, donnée depuis quelques mois au Public par le Pere Liron, & le jugement que vous en avez porté. Guidé par ce jugement, animé par l'amour de la patrie, j'ai fait sur cet Ouvrage un grand nombre d'Observations, dont celles que vous allez lire sont comme le précis : Je les soumets, selon ma loüable coutume, à vôtre bon goût & à vos lumieres.

Le premier défaut que j'ai remarqué dans la Bibliotheque Chartraine, je veux dire, celui qui m'a frappé d'abord, est le défaut de citations qui regne depuis le commencement jusqu'à la fin. Auriez vous crû, Monsieur, qu'un Benedictin de la sçavante Congregation de S. Maur, qui joint d'ordinaire à l'exacte observance de sa regle la connoiſſance & la pratique des regles de la Critique, que le P. Liron lui-même, qui a publié les aménités de cet art, eût cependant negligé le premier devoir d'un Critique, d'un Hiſtorien, d'un Bibliothecaire? Ce bon religieux ſe trompe certainement, s'il croit avoir rempli ce devoir en mettant à la tête de ſa Bibliotheque le Catalogue des Ouvrages dont il s'eſt ſervi pour la compoſer, & qui, avec une table des titres aſſez inutile, la groſſit conſiderablement. Outre ce Catalogue, qu'il pouvoit donner, ou ne pas donner, il falloit encore indiquer ſur chaque article & ſur chaque fait, les ſources d'où ces faits & ces articles ſont tirez.

Le ſçavant, le judicieux Mr. de Tillemont a mis une table des Auteurs au commencement de chaque volume de ſes Memoires, mais les marges de ſes Memoires ne laiſſent pas d'être pleines de citations: la moindre particularité qu'il raporte, a ſes garans & ſes preuves. Où ſont les preuves, où ſont les garans, par exemple, de tout le bien & de tout le mal que dit nôtre Bibliothecaire, de l'Evêque de Lavaur Charles-François Abra de Raconis? Des deux portraits ſi differens qu'il en donne, & qui ne peuvent jamais convenir à la même perſonne, quel eſt le veritable?

Est-il flatté dans le premier, calomnié dans le second ? Qui sont ses flateurs, ses calomniateurs ? C'est dequoi le P. Liron se met peu en peine d'instruire son lecteur; c'est pourtant ce qu'un lecteur équitable, eclairé voudroit demêler ; il ne le peut sans recourir aux Auteurs mêmes qui ont parlé de ce Prélat ; & comment les consulter sans les connoître ? Si ces Auteurs sont indiquez dans le Catalogue, qui est au commencement de la Bibliotheque, sous quels noms, sous quels titres ? On n'en trouve aucun, qui ait raport de loin ou de prés, à Mr. de Raconis. Il est bien plus aisé d'appercevoir dans ce Catalogue quelques fautes assez grossieres ; entre autres, celle-ci; sous la lettre H, *Historia Christophori Thuani*. Le celebre Historien, dont on veut parler, s'appelloit Jacques-Auguste, & le nom [de Christophe] étoit celui de son pere, Premier Président au Parlement de Paris.

Le P. Liron devoit donc se faire une loi de ne rien avancer sans preuves, sans citations ; & cette loi ne lui auroit pas imposé un grand travail, puisqu'il raporte peu de faits, peu de particularitez de la vie de chaque Auteur. Et c'est la Seconde Observation que j'ai faite sur son Ouvrage, à la quelle je ne dois pas m'arrêter. On ne sent que trop le vuide & la secheresse de la pluspart des trois cent cinquante articles que contient cet Ouvrage.

De ces trois cent cinquante articles, vous serez peut-être surpris, Monsieur, ma troisiéme Observation en retranche au moins la moitié, ou parce que ce ne sont pas des Ecrivains, ou parce que ce sont des Ecrivains qui ne doivent pas être placez dans ce recüeil. Permettez-moi de vous developer en peu de mots ces deux motifs de supression.

La Bibliotheque Chartraine est le premier livre de la Bibliotheque Generale des Auteurs de France, dont le P. Liron se presse d'enrichir nôtre nation & la republique des lettres. On ne doit donc trouver dans ce premier livre, comme dans les suivans, que des Auteurs proprement dits, que ceux dont nous avons quelque ouvrage, soit manuscrit, soit imprimé. Je suis donc bien fondé d'en exclure des Evêques, des Princes, des Seigneurs qui n'ont laissé aucun monument de leur sçavoir à la posterité, mais seulement, des Chartres, des titres de fondation, d'exemption de Monasteres, ou d'autres actes semblables. J'ai donc raison d'en ôter plusieurs Peintres, un Architecte, un Fondeur; qui n'ont jamais rien écrit.

Quant aux Ecrivains, aux veritables Auteurs qui ne doivent pas être placez dans ce recüeil, il s'en trouve un grand nombre. Et ce ſont tous ceux que le P. Liron fait naître dans l'Ancien Diocéſe de Chartres, non ſeulement ſans preuves, mais encore ſans conjecture apuyée, & pour ainſi dire au hazard, je dois ajouter, par de mauvais raiſonnemens. J'en vais donner pluſieurs exemples, voici d'abord quelques Auteurs nés certainement hors de ce Diocéſe.

Jean le Feron ſe dit natif de Compiegne dans ſes ouvrages, ce que le Pere Liron pouvoit du moins aprendre de la Croix du Maine qui a bien marqué ſa patrie.

Pierre Doré Dominicain ſe dit dans les ſiens né à Orleans, & religieux du couvent de Blois.

Bondaroy lieu de la naiſſance de Jacques & Jean de la Taille freres, gentils-hommes & Poëtes François, n'eſt pas dans le Diocéſe de Chartres, mais dans celui d'Orleans, à une demi-lieuë de la petite ville de Piviers, ce que Jean de la Taille a même marqué à la tête de quelques-uns de ſes Ouvrages, où il ſe dit Seigneur de Bondaroy-lés-Pluviers, comme on parloit pour lors.

Arnou Ruzé étoit de Tours, comme

l'aura sans doute découvert le P. Liron dans ses recherches pour la Bibliotheque de Touraine, qui doit bien-tôt suivre la Chartraine.

pag. 162. „ Je ne sçai, dit ce Pere, en quelle „ partie du Perche Mathurin Cordier est „ venu au monde : Son ignorance est bien fondée. Comment le pourroit-il sçavoir ? puisque Cordier n'est pas venu au monde dans le Perche, mais en Normandie, comme l'assure Mr. de Launoy qui étoit de la même Province ; *Mathurinus Corderius gente Normannus.*

Histo. Coll. Nav. part. 2. p. 699.

Ronsard étant né dans la partie du Vendômois, qui est du Diocése du Mans, & Loüis Guillart à Paris, n'apartiennent point à la Bibliotheque Chartraine. Je sçai que ce dernier y est mis comme Evêque de Chartres; mais en lui donnant place à cause de cette dignité parmi les Auteurs Chartrains, le Pere Liron a-t-il prévû qu'il s'engageoit à le mettre encore comme Evêque de Tournay, de Châlons & de Senlis parmi les Auteurs de ces Diocéses, qu'il n'a pas moins gouverné que celui de Chartres ?

Les Cardinaux d'Amboise, & du Bellay, qui se trouvent dans la Bibliotheque Chartraine comme nés dans l'ancien Diocése de Chartres, si le P. Liron ne reforme ſon plan, doivent ſe trouver encore dans les autres livres de la Bibliotheque generale des Auteurs de France : le premier comme Evêque de Montauban, comme Archevêque de Narbonne & de Roüen ; & l'autre en qualité d'Evêque de Bayonne, de Limoges, du Mans, de Paris, & d'Archevêque de Bourdeaux.

Ce que je dis de ces trois Prélats doit s'entendre de pluſieurs autres, des Abbez, des Chanoines, des Magiſtrats ; en un mot de tous ceux qui ont poſſedé des dignitez, des Benefices, des Charges en differentes Provinces du Royaume. Il faudra leur donner des titres dans les Bibliotheques de ces Provinces, outre celui qui leur eſt premierement dû à cauſe de leur patrie. Qui ne voit les inconveniens, & même le ridicule de cette methode ?

Le P. Liron s'étant determiné à donner les Auteurs de France par Diocéſe, ne peut éviter ces repetitions frequentes & inutiles, qu'en compoſant chaque Bibliotheque diocéſaine de deux parties ; je veux dire de deux recüeils : d'un premier recüeil contenant les Auteurs nés certainement dans l'étenduë du Diocéſe : d'un ſecond renfermant les Auteurs qui ont fait leur demeure dans ce Diocéſe, & dont la patrie eſt ignorée ou incertaine.

Je dis ignorée ou incertaine, aprés s'être donné tout le tems & tout le ſoin neceſſaire pour la decouvrir ; ce que n'a pas fait bien ſurement nôtre Dom Bibliothecaire.

Je paſſe aux Auteurs dont le lieu de la naiſſance eſt inconnu, qu'il a neanmoins donné pour Chartrains, comme je l'ai déja dit, ſans fondement & par pure conjecture.

Le premier exemple que j'en donne eſt,
„ Hugues, Moine de Fleuri, ſurnommé
p. 43. „ de Sainte Marie ; peut-être, dit le Pere
„ Liron, que par ce ſurnom extraordi-
„ naire, il a voulu nous faire entendre
„ qu'il étoit Chartrain, né ſur les terres
„ de ſainte Marie ; car c'eſt ainſi qu'on
„ apelloit alors l'Egliſe de Chartres. Conjecture frivole & puerile, s'il en fut jamais. Pourquoi trouver ce ſurnom extraordinaire ? Il eſt bien plus extraordinaire de croire que Huges étoit Chartrain à cauſe de ce ſurnom, & de l'Egliſe de Chartres apellée de Sainte Marie ou Nôtre-Dame.

p. 33. „ Adrade pouvoit être Chartrain, car
„ il fut Religieux de Vendôme. Adrade pouvoit être Religieux de Vendôme ſans être Chartrain, comme le P. Liron eſt Religieux de l'Abbaye de S. Vincent du Mans ſans être Manceau.

p. 123. „ Il eſt probable que Simon Feſtu prit

„ naiſſance à Chartres, car il fut Archi-
„ diacre de Vendôme, dans l'Egliſe de Chartres. De ce que Simon Feſtu fut Archidiacre de Vendôme, dans l'Egliſe de Chartres, ce n'eſt pas une probabilité pour croire qu'il fut Chartrain. Le P. Liron qui tient ce langage en divers endroits de ſon livre, donne, comme on voit, dans la probabilité ; mais ſi en qualité de Bibliothecaire il ſe montre critique relâché, je preſume qu'il n'en eſt pas moins Caſuïte rigoriſte, comme Religieux Benedictin de la Congregation de S. Maur.

„ On imprima à Chartres en 1681. un *pag.*
„ Traité des cauſes naturelles du flux & *286.*
„ reflux de la Mer, par Scalberge Miniere;
„ je ne doute point que ce Philoſophe ne
„ fût Chartrain : mais je ne le connois pas
„ d'ailleurs. S'il ne le connoiſſoit pas d'ailleurs, c'étoit une bonne raiſon pour douter qu'il fût Chartrain, & pour ne lui pas donner place dans ſon Recüeil.

Il me ſeroit aiſé de pouſſer plus loin ce détail ; mais ne voulant pas faire une longue Lettre, j'ajoûterai ſeulement à ces exemples l'article du Juif Heliazer, qui ſuffit pour donner une juſte idée de la Bibliotheque Chartraine.

„ J'ai lû dans quelques Auteurs que *p. 78.*
„ Jean Pic, Prince de la Mirandole, dans

„ ſes Livres contre les Aſtrologues, a „ cité un livre de l'Ame, composé par „ Heliazer, Juif, de Chartres. Je n'ai pas „ les Ouvrages de Jean Pic pour verifier „ ce fait : en attendant j'ai crû devoir „ mettre ce Juif Heliazer dans le dou- „ ziéme ſiécle.

Sur ce Rabin v. J. Wolf Bibl. Hebr. T. 3. p. 114.

Ou le P. Liron a mal lû les Auteurs qu'il ne nomme point, ou ces Auteurs ont mal raporté ce que dit le Prince de la Mirandole, du Juif en queſtion, dans ſon dixiéme livre contre l'Aſtrologie, chapitre onziéme, puiſqu'il eſt appellé par cet illuſtre ſçavant *Vir Hebræus Garnozenſis*, & non pas *Carnotenſis*, comme le ſupoſe nôtre Bibliothecaire. Eſt il excuſable de dire, qu'il n'a pas les ouvrages de Jean Pic, pour verifier ce fait, & de le donner comme certain, en attendant qu'il ſoit verifié ? Ne pouvoit-il le faire examiner par ſes doctes confreres, toûjours diſpoſez à obliger, à aider les gens de lettres qui leur ſont même inconnûs ? Que ne s'adreſſoit-il, ſur tout, aux Rabbins de ſa Congregation ? A la lecture des ouvrages de Jean Pic, ils n'auroient pas manqué de joindre celle de la bibliotheque rabbinique, de Bartolocci, où il eſt fort parlé de ce Juif & de ſes ouvrages. Comme l'Abbé Bartolocci témoigne avoir entre

p. 472. edit. Baſil. 1601.

tom. 1. p. 186. & 223.

les mains un Manuſcrit de ce Rabbin, où il eſt nommé Eliezer de Garmiza ou *Garmozenſis*, on doit juger qu'il eſt mal appellé, *Eliezer Garnozenſis*, par le Prince de la Mirandole. De tout ceci il reſulte, que le prétendu Juif de Chartres ne fut jamais Chartrain, & qu'il étoit apparemment de Germesheim dans le Palatinat.

Si j'enleve à la Bibliotheque Chartraine un grand nombre d'articles comme n'étant pas de ſon reſſort : en vertu de ma quatriéme Obſervation je lui rends pluſieurs Ecrivains omis qui lui apartiennent à bon titre : j'en dois mettre ici quelques-uns pour exemple ; mais je ne ferai, pour ainſi dire, que les indiquer, ne voulant pas m'écarter de la brieveté que je me ſuis imposé dans cette Lettre.

Jacques Hurault, de Blois, Evêque d'Autun, a fait imprimer un Rituel pour ſon Diocéſe, où il y a beaucoup d'inſtructions en François.

Jean Mathieu Legrand, de Gallardon, petite Ville du pays Chartrain, Docteur Regent en Droit dans les Univerſités d'Angers & d'Orleans ſur la fin du ſeiziéme ſiécle, & au commencement du dix-ſeptiéme, a donné *Differentiarum & Rationum Juris Civilis libri duo*, dont le premier livre a été imprimé deux fois.

Le Pere de Merouville Jesuite, qui a donné les Oraisons de Ciceron *a l usum Delphini*, étoit né au Château de Merouville, à deux lieuës d'Angerville, Diocése de Chartres.

Laurent Duhan, de Chartres, a longtems professé la Philosophie au College du Plessis à Paris, où l'on a imprimé deux fois son Livre intitulé, *Philosophus in utramque partem*.

Testard, de Blois, Protestant refugié en Hollande, a traduit les œuvres de Machiavel.

Pierre Mosnier de la même ville, Peintre, doit être mis à la place de Jean Mosnier son pere, aussi Peintre, qui n'a rien écrit. Pierre a mis au jour, à Paris, chez Giffard, l'Histoire de l'origine & du progrés des Arts.

Gabriël Soudry, aussi Blesois, Prêtre, a fait un beau Poëme latin à la loüange de nôtre premier Evêque Nicolas Berthier, & sur son Entrée solennelle dans son Eglise. Il est imprimé à Blois, chez Regnault 1698. & contient 18. pages *in* 4°

Le Chevalier de Louville, né au Château du même nom en Beauce, Diocése de Chartres, qui est actuellement l'un des principaux membres de l'Academie des Sciences, & peut-être le plus habile Astronôme de l'Europe. Nous avons déja de lui quelques Dissertations de Physique & d'Astronomie, imprimées dans les Memoires de l'Academie des Sciences.

Je crois devoir ajoûter à ces Auteurs omis dans la Bibliotheque Chartraine *p. 226.* Raoul Boteraye ou Boutraye, qui s'y trouve à la verité, mais seulement à raison de son Histoire de Chartres, & non à cause du lieu de sa naissance, que nôtre Bibliothecaire avoüe ne pas sçavoir. Boteraye, se dit lui-même né dans le Diocése de Chartres, en se disant dans un de ses ouvrages compatriote de Remi Belleau" *Cum Bellaquo mihi communis patria.* „ Le P. Liron doit d'autant plus s'apliquer à decouvrir cette particularité, qu'elle est encore generalement ignorée; & que ce ne sera pas une petite gloire pour lui de la raporter le premier, si jamais sa Bibliotheque parvient à l'honneur de la réimpression.

Les Ouvrages qui sont raportez dans cette Bibliotheque, & ceux qui y manquent, sont également le sujet de ma cinquiéme Observation.

Quant aux premiers, je dirai seulement que d'ordinaire les titres ne sont pas justes & tels qu'ils ont été composez. Que l'on ne sçait souvent si l'Auteur a écrit en latin ou en françois : que l'année de l'impreſſion, le nom du Libraire, la forme des volumes, leur nombre, celui des éditions qui en ont été faites, ſont rarement joints enſemble, & que même pluſieurs ouvrages n'ont aucune de ces marques. Comme il ne faut qu'ouvrir le Livre du P. Liron pour avoir des preuves de ce que j'avance, je crois pouvoir me diſpenſer de vous en raporter. Voici ſeulement un exemple des Ouvrages qui n'ont aucune des marques dont je viens de parler : c'en eſt auſſi un des articles où il n'y a pas une ſeule datte.

„ Jean de Bourges nâquit dans le Comté „ de Dreux, aſſez prés de Chartres ; il „ pratiqua la Medecine à Paris. Il a tra„ duit en nôtre langue un livre d'Hypo„ crate de la nature humaine. En quel tems vivoit ce Jean de Bourges ? En quelle année, en quel lieu a paru ſa traduction ? Une ſeconde édition de la Bibliotheque Chartraine pourra peut-être nous l'aprendre : en l'attendant, je viens aux Ouvrages qui ſont omis dans la premiere. Et pour ſuivre la methode que j'ai gardée juſqu'ici ; je vais faire connoître quelques-uns des principaux écrits oubliez.

1 Panegyrique de la ville de Chartres, par Charles Challine, Avocat du Roy de

la même ville, Paris, veuve Guillaume Pelé 1642. *in* 4° Parmi les Auteurs Chartrains, qui ſont nommez aux pages 39. & 40. de ce Panegyrique, ſe trouvent Jean de Chartres, Jacques Haligre, Claude de Valles & Jacques des Eſſarts, que le P. Liron n'a pas connus.

Pratique de l'Egliſe primitive receüillie des textes du Droit Civil. Paris. Chez Jean de la Caille 1647. *in* 8°.

Apologie pour l'Honoraire ou reconnoiſſance dûë aux Avocats à cauſe de leur travail, chez le même. 1650. *in* 8°.

Ces deux ouvrages ſont de Jacques de Leſcornay Auteur des Memoires de Dourdan. Dans le privilege qui eſt à la fin du premier, il eſt fait mention de deux autres écrits de ſa façon, qu'on lui permet de faire imprimer : l'un eſt intitulé, Explication de la Loi des Propres, & l'autre, De la nature des Offices.

Les Eloges des Empereurs manquent dans le Catalogue des écrits de Mr. Godeau. Et parmi ceux de M. Habert Docteur de Sorbonne, la Pratique du Sacrement de Pénitence, appellée communement la Pratique de Verdun, dont j'ai deux editions, l'une à Blois, chez Boyer en 1688. & l'autre à Paris, chez Thierry en 1700. *in*. 8°

p. 270.

p. 331.

p.226. Le P. Liron ne donne que cinq ouvrages à Raoul Boteraye qui en a publié au moins douze, que j'ai marqué à la marge de mon exemplaire de la Bibliotheque Chartraine ; mais ce n'est pas mon dessein de les raporter ici, ni tous ceux que j'ai pareillement ajoûté à côté de leur article, cela me meneroit trop loin, & même des éditions qui sont omises en trés grand nombre ; je me contente de marquer celle que le P. Liron devoit la moins oublier ; sçauoir, l'Histoire de Chartres, par Vincent Sablon, imprimée à Chartres 1683. *in* 12.

La crainte de vous fatiguer, Monsieur, & ma repugnance à censurer l'ouvrage d'un Religieux de la Congregation de S. Maur, à laquelle je suis constamment attaché, en reconnoissance d'une education chrétienne & litteraire, me font laisser plusieurs observations. Je me renferme dans une seule, qui regarde les dattes fausses & incertaines. Il est surprenant, qu'un Auteur, dont les yeux fins & pénétrans decouvrent jusqu'aux aménités de la critique, n'ait pas aperçû dans son Ouvrage les deux fausses dattes que je vais raporter.

p.200. „ Charles d'Angennes fut nommé par „ le Roy Charles IX. à l'Evêché du Mans, dont il prit poſſeſſion l'an 1559.„ S'il prit poſſeſſion de l'Evêché du Mans en 1559. Comment a-t-il pû être nommé à cet Evêché par Charles IX. qui ne devint Roy de France que par la mort de François II. ſon frere, arrivée le 5. Decembre 1560.

„ Ronſard nâquit le 11. Septembre 1524. p.197.
„ & mourut le 24. Decembre 1585. âgé ſeu-
„ lement de 60. ans. Quel défaut d'attention ? Ces deux termes ne renferment-ils pas clairement ſoixante & un an trois mois & quinze jours ? Pour dire que ce Prince des Poëtes François mourut en 1585. âgé ſeulement de ſoixante ans ; ou ce qui revient au même dans ſa ſoixante & uniéme année, il faloit ſuivre l'opinion de ceux qui mettent ſa naiſſance en 1525. Opinion apuyée du propre témoignage de Ronſard, qui, dans une Elegie adreſſée à Remy Belleau, ſe dit né dans l'année de la bataille de Pavie.

Par les dattes incertaines, j'entens celles qui ne le ſont que par la pure négligence du P. Liron ; comme la mort de ſon illuſtre confrere Dom François Lamy qu'il met en 1710. ou 1711. Il lui étoit pourtant ſi facile, & ſans doute plus qu'à moi qui ne ſuis Benedictin que de robe courte, de la fixer au 4. Avril 1711. Il pouvoit auſſi aiſément nous aprendre que cet habile Philoſophe fit ſes vœux à Reims au Monaſtere de S. Remy le trente Juin 1659. & que Montyreau, dans le Diocéſe de Chartres, eſt le lieu de ſa naiſſance.

Ces circonſtances hiſtoriques, & pluſieurs autres ſemblables, qui étoient, pour ainſi dire, ſous ſa main, ſous ſes yeux, qu'il a neanmoins negligé de ramaſſer, doivent faire juger que la Bibliotheque Chartraine n'eſt gueres enrichie de ces faits, de ces particularitez, qui ſont le fruit d'une recherche laborieuſe & d'une exacte aplication ; auſſi en eſt-elle parfaitement dépourvûë. Mais je dois finir cette lettre, qui ne peut qu'interrompre vos pieuſes & ſçavantes occupations, je vous ſuplie de croire qu'il ne ſe peut rien ajoûter à la paſſion avec laquelle je continuë d'être,

Monſieur,

Vôtre trés-humble, & trés-obéiſſant ſerviteur,

MELCHIOR DUPLEX.

Perdoux de la Periere d'Orleans

A Blois, ce 13. Mars 1719.

www.ingramcontent.com/pod-product-compliance
Lightning Source LLC
LaVergne TN
LVHW052032160826
845678LV00003B/1297

9782329636887